Аманда згаяний час
Amanda and the Lost Time

Шеллі Едмонт

Ілюстратор:
Сумана Рой

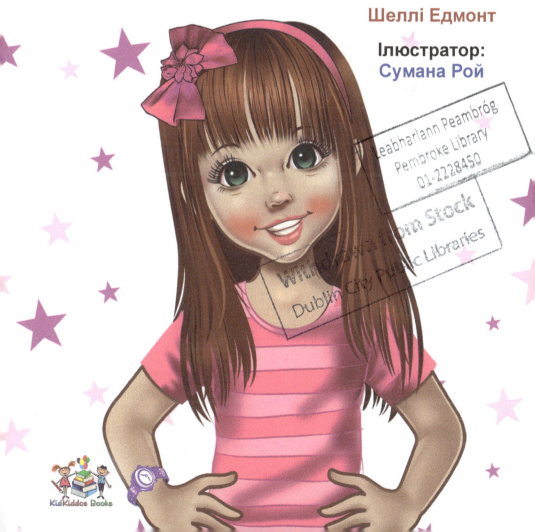

KidKiddos Books

www.kidkiddos.com

Copyright ©2014 S.A. Publishing ©2017 by KidKiddos Books Ltd.

support@kidkiddos.com

Translated from English by Yuliia Vereta
З англійської переклала Юлія Верета

Library and Archives Canada Cataloguing in Publication
Amanda and the Lost Time (Ukrainian English Bilingual)/ Shelley Admont
ISBN: 978-1-5259-5662-1 paperback
ISBN: 978-1-5259-5663-8 hardcover
ISBN: 978-1-5259-5661-4 eBook

Please note that the Ukrainian and English versions of the story have been written to be as close as possible. However, in some cases they differ in order to accommodate nuances and fluidity of each language.

- Аманда, ти можеш піти вигуляти собаку? - запитала мама Аманди.

"Amanda, can you go walk the dog?" Amanda's mom asked.

- Не зараз. Я зроблю це пізніше, - відповіла Аманда.

"Not now. I'll do it later," Amanda replied.

- Коли ти допоможеш мені зробити листівку до Дня народження тата? - запитала її молодша сестра, забігаючи до кімнати Аманди. - Я чекаю весь день.

"When will you help me make Dad's birthday card?" asked her little sister, running into Amanda's room. "I've been waiting all day."

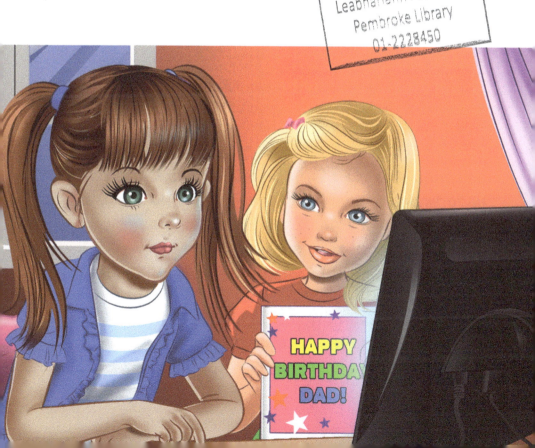

- Його день народження тільки через тиждень! - відповіла Аманда, зітхнувши і навіть не повернувши голови. - Ми можемо зробити це завтра.

"His birthday isn't for another week!" Amanda replied, sighing, not even turning her head. "We can do it tomorrow."

Пізніше прийшов і її молодший брат.
- Амандо, ти можеш почитати мені книгу? - він запитав. - Мені подобається, коли ти читаєш для мене. Особливо історію про піратів.

Later, her little brother came in too. "Amanda, can you read me a book?" he asked. "I love it when you read for me. Especially this story about pirates."

- Мені зараз не хочеться. Може, іншим разом, - сказала Аманда.

"I don't feel like it right now. Maybe another day," Amanda said.

Години перетворилися на дні, а Аманда все ще не зробила нічого з цих речей. Коли настав день народження її батька, а вона все ще не зробила листівку, вона подумала: "Нічого страшного, я просто зроблю листівку наступного року".

Hours turned into days, and Amanda still didn't do any of these things. When her dad's birthday came and she still hadn't made a card, she thought, *No big deal, I'll just make a card next year.*

Аманда ніколи не знаходила часу, щоб щось робити. Вона завжди була занадто зайнятою, навіть щоб грати в шахи - те, що вона любила найбільше.

Amanda could never find time to do things. She was always too busy even to play chess – the thing she loved most.

Так тривало б ще дуже довго, але одного разу сталося щось дивне...

It would have continued on like this for a very long time, but one day, something strange happened...

Будильник, як завжди, задзвонив о сьомій.
The alarm clock rang at seven o'clock as usual.

Аманда відкрила очі і подивилася у вікно, але там було абсолютно темно. "Годинник, мабуть, зламався", - подумала вона і знову заснула.
Amanda opened her eyes and looked out the window, but it was completely dark. *The clock must be broken*, she thought, and went back to sleep.

Вона знову прокинулася приблизно через годину, але на вулиці все ще була ніч. Щось було не так, але вона не знала, що саме.
She woke up again about an hour later, but it was still night outside. Something felt wrong, but she didn't know what it was.

Аманда скотилася з ліжка, відчуваючи, що проспала набагато довше, ніж зазвичай.
Amanda rolled out of bed, feeling like she had been asleep for much longer than usual.

Вона підійшла до кімнати батьків і побачила, що вона порожня. Вона побігла в кімнату сестри, але там теж нікого не було. Вона перевірила кімнату брата, кухню, вітальню і ванну, але в будинку не було ні душі.

She walked over to her parents' room and found it empty. She ran to her sister's room, but there was no one there either. She checked her brother's room, the kitchen, the living room, and the bathroom, but there wasn't another soul in the house.

Аманда кинулася в свою кімнату і виглянула у вікно на нічне небо.

Amanda raced back to her room and looked out the window at the night sky.

- Де моя сім'я? - подумала вона, і сльози виступили у неї на очах.

Where's my family? she thought, tears forming in her eyes.

Раптово вона почула дивний голос.
- Я знаю, що з тобою сталося, - сказав він.

Suddenly, she heard a strange voice. "I know what happened to you," it said.

Аманда підстрибнула і озирнулася, але нічого не побачила.
- Що? Хто ви? - запитала вона.

Amanda jumped and looked around, but couldn't see anything. "What? Who are you?" she asked.

- Подивися на небо. Я тут, - сказав голос.
"Look up to the sky. I'm here," the voice said.

Аманда подивилася у вікно на небо і побачила усміхнений місяць.
Це говорить місяць? - розгублено подумала вона.
Amanda looked at the sky from her window and saw the moon smiling at her. *Is that the moon talking?* she thought, confused.

- Що зі мною сталося? - запитала Аманда.
"What happened to me?" asked Amanda.

- Ти тепер у світі, де є тільки темрява, - відповів місяць. - Ти потрапила сюди, бо не використала свій час з розумом і згаяла його.

"You are now in a world where there is only darkness," the moon replied. "You got here because you weren't using your time wisely and you lost it."

- Я не розумію, - прошепотіла Аманда.

"I don't understand," whispered Amanda.

- Втрачений час збирають у скляні пляшки і відносять до дерева часу, - пояснив місяць. - Воно розташоване в чарівному лісі, де завжди світить сонце. На дереві багато пляшок різних розмірів, тому що одні люди витрачають багато часу, а інші лише трохи.

"Lost time is collected in glass bottles and gets taken to the Tree of Time," the moon explained. "It is located in the magic forest, where the sun is always shining. There are many bottles of different sizes on the tree, because some people waste a lot of time and others only waste a little."

- Це означає, що я ніколи більше не побачу свою сім'ю або друзів? - Аманда фиркнула. - Що ж мені тепер робити?

"Does that mean I'll never get to see my family or friends again?" Amanda sniffed. "What should I do now?"

- Є тільки одна річ, яку ти можеш зробити, щоб повернути свій час, - сказав місяць. - Тобі потрібно піти до дерева часу і знайти пляшку з твоїм ім'ям. Потім відкрити її і звільнити свій час.

"There is only one thing you can do to get your time back," said the moon. "You need to go to the Tree of Time and find the bottle with your name on it. Then, open it and release your time."

Аманда вже збиралася дати свою звичайну відповідь: "Добре, я зроблю це завтра...". коли місяць продовжив: "Якщо ти не звільниш свій час протягом п'яти годин, він залишиться на дереві назавжди, і ти застрягнеш тут."

Amanda was about to give her usual answer: "Well, I'll do it tomorrow..." when the moon continued, "However, you must go now. If you don't release your time within five hours, it will remain on the tree forever and you'll be stuck here."

- Я готова! - крикнула Аманда. - Але як мені дістатися до лісу?

"I'm ready!" Amanda shouted. "But how can I get to the forest?"

- Я покажу тобі дорогу, - відповів місяць. - Візьми свій годинник і йди за мною.

"I'll show you the way," replied the moon. "Take your watch and follow me."

Аманда одягла годинник на зап'ястя, взяла рюкзак і вийшла з дому, щоб знайти згаяний час.

Amanda slipped her watch on her wrist, put on her backpack, and left the house to find her lost time.

Вулиці були темними і порожніми, і тільки місячне світло вказувало їй шлях.

The streets were dark and empty, with only the moonlight guiding her way.

Йдучи по вулиці, Аманда помітила щось під лавкою. Це було схоже на коробку, загорнуту в коричневий папір. Вона підняла її і знайшла книгу з прикріпленою до неї запискою "Для Аманди".

As Amanda walked down the street, she spotted something beneath a bench. It looked like a box wrapped in brown paper. She picked it up and discovered a book with a note attached to it that read: *For Amanda.*

- Для мене? - здивувалася вона. Аманда сіла на лавку і почала читати.

"For me?" she wondered. Amanda sat down on the bench and started to read.

Це була книга про піратів, що плавають по океану і полюють за скарбами, – та сама книга, яку брат попросив її почитати йому. Коли вона закінчила читати, по її обличчю потекли сльози. Вона зрозуміла, як багато упустила, не прочитавши її разом з братом.

It was a book about pirates sailing the ocean and hunting for treasure – the same book her brother had asked her to read to him. When she finished reading, tears ran down her face. She realized how much she had missed by not reading it with her brother.

- Амандо, нам потрібно йти далі, - крикнув місяць. Вона швидко закрила книгу, засунула її в рюкзак і пішла далі.

"Amanda, we need to move on," called out the moon. She quickly closed the book, stuck it in her backpack, and continued to follow.

Пройшовши ще трохи, вони дісталися невеликого озера. Вона помітила велику корзину, що стояла біля води, з прикріпленою до неї маленькою запискою "Для Аманди".

After walking for a while longer, they reached a small lake. She noticed a big basket resting near the water with a small note attached to it: *For Amanda.*

Вона заглянула в кошик і знайшла там яскравий папір, різнокольорові маркери і красиві наклейки.

She looked inside the basket and found brightly colored paper, colorful markers, and pretty stickers.

- Це для татової листівки! - вигукнула Аманда і тут же взялася за роботу.

"It's for Dad's card!" Amanda exclaimed, and started to work immediately.

Вона розрізала папір і розфарбувала його, потім склала і знову розфарбувала. Працюючи, Аманда згадувала весь той час, що вона проводила зі своєю сім'єю, і те, як вони веселилися разом.

She cut the paper and colored, then folded and colored again. As she worked, Amanda remembered all the time she used to spend with her family and the fun they'd had together.

Вона подивилася на годинник і побачила, що залишилося всього три години до того, як вона опиниться в пастці назавжди. - Гаразд, місяцю, йдемо далі! – сказала Аманда, кладучи листівку в рюкзак.

She looked at her watch and saw that there were now only three hours left before she would be trapped forever. "Okay, Moon, let's keep going!" Amanda said as she slid the card into her backpack.

Тепер Аманда рухалася дуже швидко. Дорогою вона думала про все, що зміниться в її житті, коли вона повернеться додому.

Now Amanda moved very quickly. Along the way, she thought about everything she would change about her life when she got back home.

- Я буду більше займатися шахами, а також грати з сестрою і братом. Ще я хочу почитати багато книг, і... - глибоко задумавшись, вона навіть не помітила, що минуло ще дві години, як вони дісталися лісу.

"I'm going to practice chess more, and I'll play with my sister and brother too. I also want to read a lot of books, and..." Deep in thought, she didn't even notice that two more hours had passed once they reached the forest.

- А тепер я повинен з тобою попрощатися, - сказав місяць. - Я не можу увійти в ліс, тому звідси ти повинна йти сама.

"Now I have to say goodbye to you," said the moon. "I can't enter the forest, so from here, you must go on by yourself."

- Дякую за допомогу! - сказала Аманда. Глибоко зітхнувши, вона увійшла в ліс.

"Thank you for your help!" said Amanda. Taking a deep breath, she walked into the forest.

У міру того як вона все глибше і глибше заходила в ліс, темрява почала розсіюватися, і засяяло сонце. Аманда була так схвильована, що кинулася бігти, поки, нарешті, не побачила в далечині обриси величезного дерева.

As she walked deeper and deeper into the forest, the darkness began to fade and the sun started to shine. Amanda was so excited that she started to run until finally, she saw the shape of a huge tree in the distance.

Раптом вона помітила дуже старого чоловіка з шахівницею, який сидів на камені на узбіччі дороги. Він не звернув уваги Аманду, продовжуючи дивитися на шахову дошку.

Suddenly, she noticed a very old man with a chessboard who was sitting on a stone on the side of the road. He paid no attention as Amanda approached, continuing to stare at his chessboard.

- Привіт, - сказала йому Аманда.
"Hello there," Amanda said to him.

- Привіт, привіт, - відповів старий, не повертаючи голови. - Хочеш зіграти зі мною одну гру?
"Hello, hello," answered the old man without turning his head. "Do you want to play one game with me?"

- Вибачте, я поспішаю, - сказала Аманда. - Можливо, пізніше.
"I'm in a hurry, sorry," Amanda said. "Maybe later."

- Так, звичайно, пізніше, - сказав старий. - Я теж завжди так говорив. Я завжди відкладав, поки одного разу не зрозумів, що все моє життя пройшло. Тільки тепер я розумію, що упустив. Я хотів би повернути свій час і зайнятися тим, що люблю найбільше.
"Yes, sure, later," said the old man. "That's what I always used to say too. I always procrastinated, until one day, I realized my whole life had passed. Only now do I understand what I've missed. I wish I could bring back my time and do the things I love the most."

- Ти вмієш грати в шахи? - запитав старий.
"Do you know how to play chess?" added the old man.

- Так! - схвильовано вигукнула Аманда. - Я люблю грати в шахи. Одного разу я навіть виграла чемпіонат з шахів у школі!

"Yes!" Amanda exclaimed in excitement. "I love playing chess. I even won a chess championship at school once!"

- Молодець! Значить, ти, мабуть, тренуєшся щодня, - сказав старий, посміхаючись.

"Good for you! Then you must be practicing every day," said the old man, smiling.

Аманда опустила очі.
- Ні, - тихо відповіла вона. - Зазвичай я занадто зайнята.

Amanda looked down at the ground. "No," she said quietly. "I'm usually too busy."

- Давай зіграємо одну коротку гру, - сказав старий.

"Let's play one short game," the old man said.

Аманда сіла на камінь, і вони почали грати. Під час гри вона згадала, як сильно сумувала за шахами.

Amanda sat on a rock and they began to play. During the game, she remembered how much she had missed playing chess.

В кінці гри старий потиснув Аманді руку.

- Дякую за гру. Ти дуже хороший гравець, - сказав він. - Але тепер ти повинна поквапитися. Час - це найцінніше, що у нас є; ти ж не хочеш втратити його назавжди. А тепер біжи! Біжи швидше!

At the end of the game, the old man shook Amanda's hand. "Thank you for the game. You're a very good player," he said. "But now you must hurry. Time is the most precious thing we have; you don't want to lose it forever. Now run! Run fast!"

Аманда побігла так швидко, як тільки могла. Нарешті вона підійшла до величезного дерева, на якому були мільйони скляних пляшок.

Amanda started running as fast as she could. Finally, she arrived at the huge tree, which was piled high with millions of glass bottles.

- Так багато людей втратили свій час, - сумно подумала Аманда. - Як я можу знайти тут свою пляшку?

Вона оббігла навколо дерева, намагаючись розгледіти своє ім'я. Було багато різних імен, але жодне не належало їй.

So many people lost their time, Amanda thought sadly. *How can I possibly find my bottle here?* She raced around the tree, trying to spot her name. There were many different names, but none were hers.

Аманда глянула на годинник. У неї залишилося всього п'ятнадцять хвилин! Вона знову і знову бігала навколо дерева. Її серце шалено заколотилося, ноги боліли, але вона продовжувала пошуки.

Amanda checked her watch. She only had fifteen minutes left! She ran around the tree again and again. Her heart started to race and her feet ached, but she continued to search.

Через кілька хвилин Аманда відчула таке запаморочення від бігу, що впала. Лежачи під деревом, вона розридалася.

A few minutes later, Amanda felt so dizzy from running that she fell down. Lying underneath the tree, she burst into tears.

- Ось так! - безпорадно вигукнула вона. - Немає ніяких шансів знайти його! Мені так шкода, що я даремно витратила час!

"That's it!" she cried helplessly. "There's no chance of finding it! I'm so sorry I wasted my time!"

Вона почала думати про свою подорож до дерева: книга, яку вона прочитала, листівка, яку вона зробила, і старий, з яким вона грала в шахи. Вона згадала його останні слова: "Час-найдорожче, що у нас є."

She began thinking about her journey to the tree: the book she'd read, the card she'd made, and the old man she'd played chess with. She remembered his last words: "Time is the most precious thing we have."

- Використовуй кожну хвилину, - сказала вона собі. - Я не здамся! У мене ще є кілька хвилин!

"Take advantage of every minute," she said to herself. "I won't give up! I still have a few minutes left!"

Вона підвелася і оглянула дерево. Раптово сонячне світло впало на одну з пляшок, і її відображення засліпило Аманду. Вона на мить заплющила очі і відсунулася від світла. Потім вона розплющила очі і знову подивилася на пляшку.

She stood up and looked around the tree again. All of a sudden, the sunlight shone on one of the bottles, and its reflection dazzled Amanda. She closed her eyes for a moment and moved away from the light. Then she opened her eyes and looked at the bottle again.

Це була зелена пляшка з написом "Аманда".

It was a green bottle with the name 'Amanda' written on it.

Вона була така щаслива, що ледве могла дихати. Вона простягнула руку до пляшки і зняла її з дерева.

She was so happy that she could hardly breathe. She stretched her hand toward the bottle and took it from the tree.

- Я ніколи цього не забуду, - прошепотіла Аманда і відкрила пляшку....

"I will never forget this," whispered Amanda, and opened the bottle...

Будильник задзвонив о сьомій. Аманда відкрила очі, перекинулася на спину і подивилася у вікно. Яскраво світило сонце.

The alarm clock rang at seven o'clock. Amanda opened her eyes, rolled onto her back, and glanced out the window. The sun was shining brightly.

- Який дивний сон! - подумала Аманда.

What a strange dream! Amanda thought.

Вона схопилася з ліжка і побігла на кухню. Мама готувала сніданок, а тато щойно повернувся з прогулянки з собакою. Її брат і сестра все ще спали в своїх ліжках.

She leaped out of bed and raced to the kitchen. Her mom was cooking breakfast and her dad had just come back from walking the dog. Her brother and sister were still asleep in their beds.

- Мамо, тату, мені тільки що приснився дуже дивний сон! - крикнула Аманда, підбігаючи до батьків. Потім вона зупинилася і задумалася: "А може, це був не сон?"

"Mom, Dad, I just had the strangest dream!" Amanda shouted, running over to her parents. Then she stopped and wondered, "Or maybe it wasn't a dream?"

З того дня Аманда більше ніколи не витрачала свій час даремно і навчилася використовувати його з розумом.

From that day on, Amanda never wasted her time again and learned to use it wisely.

А як щодо вас, діти?

And what about you, children?

Які речі Ви можете зробити зараз, а не відкладати їх на завтра?

What are some things you can do now rather than putting off for tomorrow?

Lightning Source UK Ltd.
Milton Keynes UK
UKHW020947260422
402026UK00006B/342